GW01319820

Aura

Deva's

Guía Básica del Aura
© Deva's - Longseller 2006

EDITORA: Irene Acero
ILUSTRACIONES: Arminda San Martín

Deva's S. A.
Casa matriz: Avda. San Juan 777 - 3° piso
(C1147AAF) Buenos Aires
República Argentina
Internet: www.devas.com.ar
E-mail: info@devas.com.ar

Rodríguez Acero, Margarita
Guía básica del Aura – 1ª ed.; 2ª reimp.– Buenos Aires: Deva's, 2006.
96 pp.; 20x14 cm (Guías Deva's)

ISBN 987-20322-1-1

1. Parapsicología - Aura. I. Título
CDD 133.892

Queda hecho el depósito que marca la ley 11.723.

Libro editado e impreso en la Argentina.
Printed in Argentina.

 Esta edición de 3.000 ejemplares se terminó de imprimir
en la planta impresora de Sevagraf S.A., Buenos Aires,
República Argentina, en enero de 2006.

"Algunas naturalezas son tan armoniosas que se vuelven verdaderos centros de salud, amor y felicidad para todos los que entran en su esfera."

—Dr. Coates
tomado del libro *Human Magnetism*

La palabra aura proviene del término griego *avra*, que significa brisa, viento suave, céfiro. Pero el aura es algo más que aire en movimiento. Se trata de un campo de vibración energética que emana de la materia y que, por consiguiente, puede percibirse alrededor de todas las cosas: minerales, vegetales, animales, seres humanos, objetos.

Este campo de energía alrededor del cuerpo físico de los seres vivos ha sido denominado "huevo áurico" y está compuesto por varias capas: el cuerpo etérico, el astral, el mental y el causal. Los campos energéticos que nos rodean poseen tonalidades que se encuentran en la paleta de colores del arco iris. Los colores del aura reflejan el estado físico y la naturaleza de la persona: su espiritualidad, su mente y sus emociones. Los investigadores han diferenciado la emanación de colores en el color **básico** y el color **secundario.**

El conocimiento de las características de nuestra aura y de la de los demás colabora en el entendimiento, la comprensión y la tolerancia para relacionarnos. A su vez, despliega ante nuestros ojos un abanico de posibilidades para desarrollar al máximo nuestro potencial. Los centros energéticos del cuerpo irradian mensajes que podemos utilizar para balancear nuestro cuerpo físico, emocional, mental y espiritual. De manera sencilla, indagando en los colores del arco iris, es posible acceder a respuestas que siempre nos inquietaron. El estudio del aura humana representa una experiencia maravillosa pero real hacia el conocimiento y la realización personal.

El **color básico** manifiesta la misión de la vida de la persona. Expresa rasgos profundos de la personalidad, la espiritualidad, la mente, los hábitos. Además, proporciona información sobre el pasado, el presente y el futuro de los individuos. Cuando el aura muestra un color básico expandido y brillante significa que la persona se encuentra encaminada en su misión. Si su energía está estancada, el color básico aparece opaco, débil y en un aura muy pequeña.

Los **colores secundarios** son, específicamente, destellos e irradiaciones del aura hacia el exterior del cuerpo. Estos varían según las emociones y los pensamientos. Si la energía del color secundario es canalizada positivamente, se potencia con la energía del color básico e incrementa el aura. En el caso de que la energía del color secundario sea canalizada de manera negativa (debido a pesimismo, pensamientos negativos constantes o angustia crónica), los colores como el gris o el negro pueden tornarse fijos.

ALGO DE HISTORIA

La historia del aura se remonta a los pueblos primitivos. Los dibujos rupestres muestran un halo luminoso sobre la cabeza de las figuras humanas. Las pinturas realizadas antes de Cristo dejan ver un aura brillante, dorada o blanca, alrededor de la cabeza de los santos y los ángeles.

La idea de que cada ser humano poseía un campo de energía propio y único sobrevoló la atmósfera de los científicos del siglo XIX. Pero antes de detenernos en los últimos descubrimientos, cabe mencionar figuras históricas como Paracelso, Newton, Mesmer y el barón von Reichenbach, quienes, a través de sus investigaciones, han aportado información esencial acerca del aura.

En 1869, el médico y cirujano inglés Walter J. Kilner, junto a un equipo de colegas, incursionó en técnicas no muy desarrolladas por esos años, basadas en los rayos x y la electroterapia. En 1908, decidido a comprobar científicamente la existencia del aura y tras un arduo trabajo de investigación en el hospital londinense St. Thomas, el doctor Kilner descubrió una forma de plasmar el aura de las personas a través de la luz ultravioleta. Su invento consistía en una pantalla hecha con dos placas de cristal separadas por una octava de pulgada. Entre ambas placas había colocado una solución alcohólica de dycianina, una tintura violeta compuesta por alquitrán de hulla. Esta pantalla fue utilizada por Kilner, a modo de lente, para ver el campo energético humano.

Publicó *The human aura* (El aura humana), en 1911, donde afirmó que en el futuro el aura humana iba a poder ser fotografiada y *The human atmosphere* (La atmósfera humana), en 1921. A pesar de los resultados de la pantalla, la carrera del doctor Kilner se vio desprestigiada completamente: sus estudios fueron desvalorizados por los colegas y criticados con dureza por la prensa.

Poco tiempo después de las investigaciones de Kilner surgieron las del biólogo Oscar Bagnall. Su teoría se basó en la existencia de dos auras humanas, una interior y otra un poco más oscura, exterior. Bagnall creó unos anteojos con lentes con pinacinol y metanol azul; y en 1937 se publicó su libro *The origin and properties of the human aura* (El origen y las propiedades del aura humana). Pero la técnica para fotografiar el aura fue descubierta recién dos años más tarde.

En 1939, el científico ruso Semyon Davidovich Kirlian reparaba un equipo de radioterapia mientras presenciaba el funcionamiento de un instrumento de electroterapia que estaba siendo aplicado a una paciente. En ese momento, a causa del empleo de alto voltaje eléctrico sobre la persona, pudo percibir el aura humana. Junto a su esposa, Valentina

Khrisafovna Kirlian, investigó y experimentó durante años para reproducir aquel campo energético que había visto. Finalmente, Kirlian logró comprobar la existencia y las variaciones de color en el aura de los dedos de sus manos mediante la foto eléctrica. Experimentó con hojas de plantas y seres humanos y consiguió detectar enfermedades y diferentes estados emocionales. Según algunos científicos de la época, el resultado de la foto eléctrica no mostraba el aura sino una descarga de corona. Sin embargo, hoy en día la existencia de un campo energético alrededor del cuerpo humano ha sido aceptada científicamente.

Durante el transcurso del día, nuestros centros energéticos reciben información de manera voluntaria e involuntaria a través de las capas que componen el aura (el cuerpo etérico, el astral, el mental y el causal). Es importante, para proteger nuestro aura, aprender a discernir entre las cosas que nos generan negatividad y las que nos incrementan la energía.

Debemos tener en cuenta que las capas que componen el aura son sumamente sensibles. Los campos de energía de los seres humanos se atraen, se unen y se repelen. Cuántas veces la presencia de alguien nos causó rechazo o la llegada de una persona a una reunión cambió positivamente el ánimo de todos los presentes. Una agresión verbal o física, recibir una buena noticia, crear pensamientos negativos, el consumo de tóxicos, tener un dolor de cabeza, obtener cariño, llevar una mala alimentación, ayudar al otro: todas las acciones repercuten en las capas de energía que rodean nuestro cuerpo físico. Si bien, como dijimos anteriormente, el aura posee un color básico y fijo, tanto los rayos que irradia, como la calidad del color, la magnitud y hasta la textura varían constantemente.

A través del estudio de las características del aura es posible descubrir enfermedades físicas y mentales, conocer las causas, detectar en qué zonas se localizan y tratarlas. Las auras enfermas, cansadas, tristes, carentes de energía pueden mostrar en su textura: figuras geométricas, rayos débiles, agujeros, espirales y líneas. En la calidad del color: poca claridad e intensidad, manchas marrones, grises o negras, opacidad, falta de brillo, suciedad. En su tamaño: pocos centímetros de longitud, apenas perceptibles.

Algunas personas permanecen durante toda su vida con un dolor emocional que comienza en el aura como una mancha turbia y luego se convierte en una enfermedad física. Otras personas absorben negatividad diariamente a través de su trabajo, su familia o su pareja. Hay personas llamadas "vampiros psíquicos", los que consciente o inconscientemente se alimentan de la energía de los demás. El encuentro con estas personas suele dejarnos muy cansados y sin energía.

Si deseamos proteger el aura, además de procurar un entorno positivo debemos tener en cuenta que, en la mayoría de los casos, los causantes de las fugas de energía somos nosotros mismos. Cuando generamos pesimismo y pensamientos negativos constantemente, no disfrutamos de la vida y nos desconectamos de la alegría y la creatividad de nuestro potencial interior. Entonces nos encontramos en un círculo: la mente produce un aura apagada, oscura y débil y, a la vez, un aura con estas características no puede proporcionar pensamientos positivos.

Afortunadamente, existen diversos métodos para limpiar, sanar, expandir y proteger el aura. Algunos de ellos son:

- equilibrar los *chakras* (centros de energía del cuerpo humano);
- realizar visualizaciones en las que recibimos baños de luz blanca y de los colores sanadores o complementarios para equilibrar el color del aura;
- incrementar la autoestima y la alegría;
- realizar afirmaciones y oraciones.

P odemos equilibrar el aura gracias al saneamiento de los *chakras*. Existen diversas formas de balancear los *chakras*: mediante el uso de aceites esenciales (aromaterapia), música, gemas, meditación y otros. En este caso lo haremos por medio de la utilización de colores, puede ser a través del efecto que produce la vestimenta u otros objetos.

Los colores poseen vibraciones y, como se sabe, cada *chakra* está relacionado con la vibración de un color.

Con frecuencia, las auras tienen exceso de energía de un color o, por el contrario, carecen de la vibración de un color. Esto es una consecuencia del desequilibrio de los colores de los *chakras*. Los centros de energía poseen, a veces, una excesiva vibración de su color que no resulta favorable, como tampoco lo es la falta de esa vibración.

Ante la ausencia de energía, cada *chakra* puede ser equilibrado colocando en su ubicación sobre el cuerpo físico el color con que se vincula. En el caso del *chakra* 5°, por ejemplo, que se relaciona con el color azul, debemos utilizar algún elemento azul en la zona de la garganta, puede ser un pañuelo, corbata o un colgante. Si se trata de exceso de energía, podemos usar en esa zona objetos de colores complementarios al color del *chakra*. Los colores **sanadores** pueden aplicarse en todos los *chakras* en caso de exceso o falta de energía y son el **blanco**, el **violeta** y el **verde**. Los colores **complementarios** son los siguientes: rojo/azul; azul/rojo; naranja/violeta; amarillo/violeta; violeta/amarillo; verde/púrpura; índigo/naranja.

En resumen, si, por ejemplo, nos encontramos ante la dificultad de expresarnos verbalmente o trabajamos excesivamente las cuerdas vocales (cantantes, oradores), acumulamos sentimientos en la zona de la laringe y luego de un estudio o visualización del aura se detecta que el *chakra* 5°, que se ubica en la garganta y favorece la boca, oídos y tiroides, se ha reducido o presenta una señal de enfermedad. Es posible equilibrarlo al usar algo de color azul o verde, violeta o blanco (colores sanadores). Si el *chakra* presenta exceso de energía debemos usar algo de color rojo, complementario del azul, en la garganta.

En caso de utilizar gemas es conveniente programarlas anteriormente para que actúen de modo favorable sobre los órganos y emociones deseadas. Por ejemplo, las gemas que potencian la vibración roja (complementaria de la azul) son: granate, rubí, turmalina roja. Y las piedras que podemos usar para estimular la vibración del color azul, que corresponde al *chakra* 5°, son: zafiro, lapislázuli, ágata, entre otras.

LOS SIETE
CENTROS
DE ENERGÍA

UBICACIÓN, INFLUENCIA EN EL CUERPO Y COLOR CON QUE SE RELACIONA

Los *chakras* –término sánscrito que significa disco o rueda, debido a que son círculos de energía que giran en el cuerpo etéreo– fueron descubiertos y utilizados por los indios hace milenios para sanar enfermedades físicas, mentales y emocionales. Cada uno de los siete *chakras* está ubicado en un punto diferente del cuerpo físico y relacionado directamente con una glándula y un color.

Chakra 1º **o raíz:** se ubica entre el ano y los genitales. Está conectado con la glándula suprarrenal. Las partes del cuerpo que beneficia son: huesos, toda la estructura ósea. Se relaciona con las necesidades físicas. Su color es el **rojo**.

Chakra 2º **o sacro**: se encuentra entre los genitales y el ombligo, abdomen inferior. Glándula: testículos y ovarios. Partes del cuerpo que favorece: vejiga, próstata, útero y órganos sexuales. Potencia el equilibrio y la sexualidad. Su color es el **naranja**.

Chakra **3º o plexo solar:** está ubicado entre el ombligo y la base del esternón. A la altura de las últimas costillas. Se conecta con la glándula páncreas. Partes del cuerpo sobre las que actúa: sistema digestivo y músculos. Estimula la autoconfianza. Sus colores son el **amarillo** y el **dorado**.

Chakra **4º o corazón:** está ubicado en el centro del pecho. Su glándula es el timo. Trabaja sobre las siguientes partes del cuerpo: corazón, pulmones, pecho, y sistema circulatorio. Vincula con el amor. Sus colores son el **verde** y el **rosa**.

Chakra **5º o garganta.** Ubicación: punto entre las clavículas, base del cuello. Trabaja sobre la glándula tiroides. Las partes del cuerpo que favorece son: garganta, boca y oídos. Se conecta con la creatividad. Su color es el **azul**.

Chakra **6º o tercer ojo, *Ajna*.** Punto ubicado encima del entrecejo. Glándula: pituitaria. Obra sobre las siguientes partes del cuerpo: los ojos y la base del cráneo. Vincula con la sabiduría. Sus colores son: **púrpura** y **violeta**.

Chakra 7º **o corona:** se encuentra en la coronilla, parte superior de la cabeza. Favorece la glándula pineal. Las partes del cuerpo relacionadas son: la corteza cerebral, la piel y la parte superior del cráneo. Se relaciona con la espiritualidad. Sus colores son: **blanco** y **plateado.**

La limpieza del aura por medio de baños de luz se realiza a través de una visualización. Debemos sentarnos en un lugar tranquilo, relajarnos, invocar la guía de nuestro Maestro o energía superior, respirar profundamente e imaginar una luz blanca, sanadora, que nos inunda poco a poco, desde la cabeza hasta los pies. También se puede enviar el baño de luz mentalmente a una persona que no se encuentre con nosotros y que lo necesite.

Otro ejercicio de limpieza se realiza mediante la utilización de las manos para lavar el cuerpo, imaginando una lluvia de agua pura. Consiste en visualizar el agua limpia que cae, recibirla con las palmas hacia arriba, lavar mentalmente el cuerpo etéreo y luego, con las palmas hacia la tierra, imaginar cómo el agua sucia se lleva las impurezas, enfermedades o negatividad. Los baños de luz pueden ser de los colores sanadores, los complementarios o los correspondientes a cada *chakra*, de acuerdo a la energía que se requiera.

Otro método muy eficaz para incrementar la energía, que también se lleva a cabo mediante una visualización, pero que se puede hacer en pocos minutos y en cualquier lugar, consiste en unir los dedos índice con los pulgares y después entrecruzarlos. Esta especie de cadena de dos eslabones protege, recarga y limpia el aura instantáneamente. Mientras mantenemos los dedos entrelazados podemos sentir cómo corre la energía por nuestras manos y el resto del cuerpo. Debemos visualizarnos en el centro de un círculo blanco o rosa, que nos protege. Podemos realizarlo varias veces al día, sobre todo ante situaciones negativas o difíciles, que con seguridad nos agotan la energía y deterioran las capas energéticas que componen el aura.

EJERCICIO PARA RECARGAR ENERGÍA

1) Adoptar una postura cómoda y respirar profundamente varias veces.

2) Cerrar los puños y dirigirlos hacia el cuerpo. Esto revitaliza el aura debido a que cierra de inmediato los agujeros por donde se fuga la energía.

3) En la misma posición cerrar los ojos e invocar la ayuda de la energía superior en una plegaria, o visualizar la belleza de la naturaleza durante unos pocos minutos.

Tanto los colores del aura como sus otras características –textura y magnitud– pueden ser visualizados o detectados por la numerología, las varillas de radiestesia, el péndulo y la foto eléctrica (Kirlian).

Durante años, tal vez durante toda la vida, hemos limitado el desarrollo de los cinco sentidos al cumplimiento de las necesidades cotidianas. De esta forma, hemos bloqueado la percepción y el desarrollo de los sentidos de manera extraordinaria. Es por eso que lo primero que debemos saber al intentar ver el aura es que todos podemos percibirla. Tal vez a unos les lleve más tiempo que a otros o nunca logren verla, pero es importante creer en el aura, en sus colores y en su percepción antes de comenzar con los ejercicios. La mente debe brindarle esa información al cuerpo para poder captar la energía. Es probable que al principio veamos una energía casi transparente y sin color, pero con la experiencia podremos ver los colores de nuestro aura y el de los otros.

El siguiente ejercicio consiste en la autovisualización del aura de los dedos de la mano.

1) El primer paso para ver el aura consiste en una relajación profunda.

2) Luego, en una habitación con luz tenue, debemos colocarnos frente a una pared de color clara, preferentemente lisa, sin estampados ni objetos.

3) Debemos extender el brazo hasta unos pocos centímetros antes de la pared con la mano abierta y la punta de los dedos hacia el techo, de manera que la mano quede paralela a la pared.

4) Con los ojos entreabiertos, en estado de vigilia, debemos mirar el espacio entre los dedos. Con concentración podremos ver la capa de luz que bordea el contorno de los dedos.

Ver el aura de los otros

1) Pedirle colaboración a alguien que se encuentre bien predispuesto al tema. Realizar el ejercicio en un lugar con poca luz, es preferible en el interior de una casa y usar vestimenta de géneros naturales, dado que los géneros sintéticos interfieren en el tamaño, la textura y el color del aura. Nuestro compañero deberá ubicarse a unos pocos metros de distancia contra una pared clara.

2) Entrecerrar los ojos, observar a nuestro compañero y desfocalizar la vista. La desfocalización consiste en abarcar por igual todo el campo visual que alcanzan los ojos, en vez de fijar la vista en un solo punto.

3) Observar el aura de la zona de la cabeza y luego bajar por el resto del cuerpo.

4) Pedirle a nuestro compañero que tenga pensamientos positivos y después negativos, para ver cómo varían los colores de su aura.

Numerología

CÓMO CONOCER
EL COLOR BÁSICO

Para obtener el **color básico** del aura de una persona es necesario saber cuál es su número de nacimiento. Este se obtiene del resultado de la suma de los números de su fecha completa de nacimiento. Ejemplo: una persona que nació el 22 de julio de 1968, tiene el 8 como número de nacimiento. La suma de su fecha se realiza así:

Día.......   22
Mes...... +   7
Año...... <u>1968</u>
         1997

$1997 = 1 + 9 + 9 + 7 = 26$
$26 = 2 + 6 = 8$

De esta forma, la fecha se reduce hasta obtener un solo dígito que en este caso es el número de nacimiento, indicador del color básico. Las únicas cifras que no se reducen a un solo dígito son el 11 y el 22, denominados números maestros. Ambos números (11 y 22) corresponden a un color particular y quienes los poseen han recibido un potencial cósmico superior al resto de las personas.

En numerología, cada letra del alfabeto posee un valor numérico. Por ejemplo: el valor correspondiente a la letra A, que se encuentra en el primer lugar del alfabeto, es 1; la letra J, que se ubica en décimo lugar, debería valer 10, sin embargo, vale 1, puesto que todas las letras cuyo valor resulta de dos dígitos se reducen a uno. Ej.: letra L, se ubica en el doceavo lugar, vale 3: 1+2= 3. La tabla que se muestra a continuación ofrece una guía rápida para saber el valor numérico de un dígito que le corresponde a cada letra del alfabeto.

1	2	3	4	5	6	7	8	9
A	B	C	D	E	F	G	H	I
J	K	L	M	N	Ñ	O	P	Q
R	S	T	U	V	W	X	Y	Z

Para obtener el **color secundario**, es decir, el color que emana el aura de la persona, es necesario traducir las letras del nombre y apellido completo que recibió la persona al nacer en un número, según la tabla alfabeto/número que se expuso anteriormente. Ejemplo: las letras del nombre Julieta Fernández se convierten en números de este modo:

J	U	L	I	E	T	A
1	4	3	9	5	3	1

$$(1+4+3+9+5+3+1)$$

F	E	R	N	A	N	D	E	Z
6	5	1	5	1	5	4	5	9

$$(6+5+1+5+1+5+4+5+9) = 67$$

$$(1+4+3+9+5+3+1) + (6+5+1+5+1+5+4+5+9) = 67$$

En un dígito:

$$67 \ (6+7) = 13 \ (1+3) = 4$$

En numerología existe otro número importante además de los números que revelan el color básico y el color secundario.

Se trata del color que emana el alma y que se obtiene del resultado de la suma de las **vocales** del nombre completo.

Luego de obtener los números finales (de un solo dígito) o de dos si se trata de los números maestros, la siguiente tabla indica qué color le corresponde a cada número:

1	Rojo
2	Naranja
3	Amarillo
4	Verde
5	Azul
6	Indigo
7	Violeta
8	Rosa
9	Bronce
11	Plateado
22	Dorado

INTERPRETACIÓN DE LOS COLORES DEL AURA

Los colores son las acciones de la luz,
sus acciones y sus sufrimientos.
Teoría de los colores
—Goethe

Rojo

Planeta regente: Marte

Características generales: observador, pasional, sexual, agradable, competitivo, ambicioso y sociable.

COLOR BÁSICO

Aspectos positivos: las personas con este color básico poseen una autoestima elevada y son ambiciosas. Desean alcanzar metas difíciles y luchan con ahínco por ello. El rojo es un color fuerte y poderoso que aparece en personas enérgicas y deportivas. Por su gran aptitud para liderar, generalmente son encomendadas en el plano laboral para dirigir grupos. Se trata de individuos protectores y cálidos. Con frecuencia brindan muestras grandes de cariño a su pareja, familiares y amigos.

Aspectos negativos: la energía del aura roja mal canalizada muestra personas sumamente nerviosas, que padecen problemas de estrés crónico e irritabilidad. Estos individuos actúan por impulso con agresividad. Además pueden tornarse personas completamente egoístas.

Color secundario

Aspectos positivos: las personas que irradian el color rojo de su aura poseen mucha energía e ilusión. Con seguridad, se encuentra muy entusiasmada con sus proyectos y en el momento de tomar decisiones que le acarrearán poder y rédito económico. También pueden estar pensando en su responsabilidad sobre bienes materiales.

Aspectos negativos: las irradiaciones rojas de una energía mal canalizada muestran a un individuo presa de la ira, el enojo y tal vez con ansias de venganza. Los destellos de un rojo turbio indican la falta de control y una gran alteración interna.

Chakra 1º o raíz: se ubica entre el ano y los genitales. Está conectado con las glándulas suprarrenales. Las partes del cuerpo que beneficia son: la estructura ósea. Se relaciona con las necesidades físicas.

Gemas: granate, heliotropo, jaspe rojo, ónix, pirita, rodocrosita, rubí, turmalina azul y roja.

Música que lo armoniza: de viento o piezas clásicas, fundamentalmente alegres.

Efectos que produce mediante la vestimenta: determinación, excitación, estimulación.

Planeta regente: Sol

Características generales: buen carácter, amable, cariñoso y cooperador.

COLOR BÁSICO

Aspectos positivos: cuando la energía del color naranja está canalizada positivamente muestra personas que poseen una vida social activa, en la que juegan un rol de mediadores. Pueden resolver problemas entre las personas con mucha facilidad. Son capaces de organizar grandes eventos sincronizando cada detalle. Cuando cooperan, sienten que su energía se armoniza, por lo que necesitan colaborar en actividades grupales y, sobre todo, sentirse útiles. Su vida es práctica y pautada. Son educados, respetuosos, considerados y muy intuitivos. Estas personas nunca lastimarían intencionalmente a alguien. Son extremadamente sensibles y poseen un fuerte mandato interno de solidaridad. Son fieles en la pareja y leales en la amistad.

Aspectos negativos: cuando la energía de este color se estanca, las personas se tornan superficiales, perezosas y hasta egoístas. Estas personas se recluyen en sí mismos, dan una imagen de mucha timidez y, realmente, se vuelven indiferentes a las cosas buenas que poseen o que les suceden. Pueden incluso desvalorizar a sus seres más queridos.

La sensibilidad enorme que poseen cuando tienen energía bien canalizada se vuelve en contra: se irritan diariamente por cualquier detalle y sufren por todo.

Color secundario

Aspectos positivos: las personas que irradian este color de sus auras disfrutan al pasar el tiempo en compañía de sus seres más cercanos. Cuando comparten el día con amigos y familiares se armonizan y demuestran su afecto. Los destellos de este color también indican deseo de cooperar con seres queridos.

Aspecto negativo: quienes poseen su energía bloqueada y emiten del aura un color naranja se encuentran sin duda en un momento de desinterés e indiferencia total. Seguramente estas personas desean, ante todo, que nada obstaculice sus metas. Carecen de ánimo para colaborar con su entorno y anhelan no ser molestados.

Chakra 2º o sacro: se encuentra entre los genitales y el ombligo, abdomen inferior. Glándula: testículos y ovarios. Partes del cuerpo que favorece: vejiga, próstata, útero y órganos sexuales. Potencia el equilibrio y la sexualidad.

Gemas: ámbar, calcita naranja, cornalina, cuarzo citrino, cuarzo cristal, diamante, ojo de tigre, topacio, zircón.

Música que lo armoniza: suave de piano, flauta o arpa.

Efectos que produce mediante la vestimenta: protección, bienestar.

Amarillo

Planeta regente: Mercurio

Características generales: comunicativo, creativo, alegre, cautivador y amistoso.

COLOR BÁSICO

Aspectos positivos: las personas que poseen este color de aura son muy inteligentes y brillantes. Piensan rápidamente y son muy "despiertas". Generan infinidad de proyectos y se deleitan exponiendo sus ideas. Les encanta discutir sobre diferentes temas. Son estudiosos, curiosos y naturalmente sociables y creativos. Utilizan la palabra como expresión principal, por lo que se destacan en trabajos de comunicación verbal.

Saben adecuarse a todas las situaciones. Les encanta compartir jornadas con varias personas, desenvolverse dentro grupos les resulta excitable y los entusiasma.

Aspectos negativos: puede ocurrir que al concentrarse demasiado en sus ideas se aíslen por completo de la realidad. Cuando se involucran con muchos proyectos a la vez suelen perder de vista su verdadero objetivo. Al dispersarse corren el riesgo de quedarse en el camino, sin concluir sus proyectos.

Deberían ser menos duros con las exigencias que se imponen y con las críticas hacia todo y todos. Su capacidad especial para expresarse por medio de la palabra, mal canalizada, puede usarse para manipular al entorno mediante mentiras. Cuando se conectan con la negatividad, se ciegan a las cosas buenas que les ocurren en la vida.

COLOR SECUNDARIO

Aspecto positivo: los individuos que emanan este color están percibiendo una idea brillante que los colma de entusiasmo. Con seguridad, esa idea se relaciona con el arte. Se sienten óptimos para expresarse genuinamente con quienes los rodean.

Aspecto negativo: la energía amarilla secundaria, estancada, muestra personas que atraviesan una situación de cansancio mental. Sienten que se les acabaron las ideas y al no vislumbrar una solución para su intelecto bloqueado, castigan con dureza todo lo que se les cruza en el camino.

Chakra 3º o plexo solar: está ubicado entre el ombligo y la base del esternón. A la altura de las últimas costillas. Se conecta con la glándula páncreas. Partes del cuerpo sobre las que actúa: sistema digestivo y músculos. Estimula la autoconfianza.

Gema: ágata, ojo de tigre, topacio.

Música que lo armoniza: instrumental, que incluya sonidos del agua; o con oboe o violín, principalmente animada.

Efectos que produce mediante la vestimenta: buen humor, alegría, optimismo, actividad física, diversión.

Verde

Planeta regente: Venus
Características generales: responsable, trabajador, tesonero, humanitario, seguro, persistente, compasivo y bondadoso.

COLOR BÁSICO

Aspectos positivos: quienes tienen el color verde son personas inmersas en actividades relacionadas con la salud. Son colaboradores, voluntarios, curadores o médicos. Estos individuos, tenaces y seguros de sí mismos, disfrutan luchando por sus ideas y siempre logran su objetivo. Si están decididos a alcanzar la concreción de un proyecto, por más difícil que parezca, lo conseguirán.

Los "verdes" son individuos que se caracterizan por su tranquilidad. Además son sumamente agradables y muy sensibles. No dudan en sacrificarse por los demás. Cooperan genuinamente con quien lo necesita. Inspiran confianza, admiración y paz en las personas.

Aspectos negativos: cuando la energía del aura verde se desequilibra, genera personalidades insensibles, indiferentes, que no se detienen a pensar en las necesidades del otro y mucho menos a ayudar. El servicio es lo último que les importa; se vuelven tercos y se aferran a sus ideas aunque sepan que no tienen razón. Estas personas pueden tornarse muy rígidas e insoportables.

COLOR SECUNDARIO

Aspectos positivos: quienes de su aura emanan el color verde creen y sienten que pueden hacer cosas por el mundo. Para ellos, ninguna meta es imposible y se sienten estimulados por los desafíos. Poseen tanta seguridad que nada les parece utópico ni complicado.

Aspectos negativos: destellos de energía verde mal canalizada indican que estas personas se encuentran realizando actividades solamente para obtener un beneficio personal. Les resulta indiferente lo que ocurre a su alrededor. Y para lograr su meta pueden convertirse en personas trepadoras, carentes de escrúpulos, principios y valores. El color secundario verde, negativo, también es indicador de celos o envidia.

Chakra 4º o corazón: está ubicado en el centro del pecho. Su glándula es el timo. Trabaja sobre las siguientes partes del cuerpo: corazón, pulmones, pecho, y sistema circulatorio. Vincula con el amor.

Gemas: cuarzo rosado, zurita, calcita rosa, calcita verde, coral, crisoprasa, esmeralda, jade, jaspe verde, kunzita, malaquita, lapislázuli, peridoto, sodalita, turmalina corazón de sandía, turmalina azul y roja, turmalina verde, turmalina rosa, turquesa.

Música que lo armoniza: de piano, piezas potentes.

Efectos que produce mediante la vestimenta: salud, armonía, vitalidad, fertilidad.

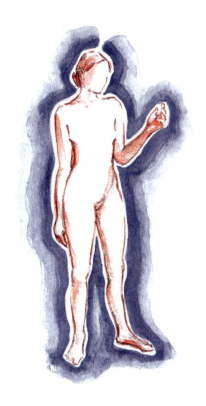

Planeta regente: Urano

Características generales: perceptivo, imaginativo, aventurero, entusiasta, con amplitud mental, jovial y creativo.

COLOR BÁSICO

Aspectos positivos: las personas con este color básico son muy divertidas y entusiastas. Suelen contagiar su optimismo a quienes los rodean y son quienes siempre animan a los que están decaídos. Poseen una mente muy abierta y su principal característica es la sinceridad. Siempre dicen la verdad y prefieren vincularse con la gente que actúa, como ellos, con la verdad.

Este color básico de aura indica personas nobles, honradas, con principios y comunicativas. Tienen una personalidad jovial y siempre se aventuran en proyectos fuera de lo común. A estos seres les encanta iniciar desafíos que incluyan ideas innovadoras.

Aspectos negativos: cuando las personas que poseen aura azul canalizan mal la energía, se encierran en sí mismas, se aíslan y se deprimen. Les cuesta mucho comunicarse, suelen ser ciclotímicas y a veces no actúan con la verdad. Llegan a acumular varios problemas, a estresarse y a exteriorizar la angustia cuando ya no resisten más.

Es posible que debido a la dispersión de su mente, comiencen varios proyectos que después no puedan terminar.

COLOR SECUNDARIO

Aspectos positivos: las auras equilibradas que emanan un color azul indican que esas personas están gozando de la vida, de varios proyectos y, sobre todo, de la libertad. Se encuentran alejadas de la rutina y no tienen ánimo de verse dentro de estructuras. Viven alegremente, expanden bienestar y disfrutan de una comunicación verbal óptima.

Aspectos negativos: cuando la energía de este color está bloqueada, muestra personas deprimidas, desganadas y estresadas. Pueden estar atravesando una etapa en la que no descubren la solución a un problema y se encierran en sí mismos.

Chakra 5º o garganta. Ubicación: punto entre las clavículas, base del cuello. Trabaja sobre la glándula tiroides. Las partes del cuerpo que favorece son: garganta, boca y oídos. Se conecta con la creatividad. Su color es el azul.

Gemas: aguamarina, ágata, turquesa, lapislázuli, zafiro, ópalo.

Música que lo armoniza: instrumentos de percusión, piano, órgano y cuerdas.

Efectos que produce mediante la vestimenta: tranquilidad, serenidad.

Índigo (violeta azulado)

Planeta regente: Neptuno
Características generales: confiable, responsable, compasivo, lúdico y crítico.

Color básico

Aspectos positivos: es un color que bien canalizado indica dedicación y servicio y que se encuentra en aquellas personas que ayudan a otras. Suelen ser los amigos sinceros que siempre escuchan, recomiendan y alivian con su apoyo incondicional. La compañía de estas personas es muy agradable; irradian calidez y saben cómo adaptarse ante personalidades diferentes.

Dos de sus satisfacciones mayores son pasar el día con sus seres queridos y realizar actividades humanitarias.

Participar en servicios comunitarios los ayuda a conectarse con el "aquí y ahora". Eso los equilibra, dado que suelen fantasear bastante. Estos seres viven con alegría y suelen evitar situaciones turbias o complicadas.

Aspectos negativos: la energía mal canalizada del "índigo" atrae a los individuos manipuladores. Es común que les disminuya la autoestima y se dejen influenciar con facilidad. Fantasean demasiado y eso les acarrea frustraciones.

Color secundario

Aspecto positivo: este color emana de las personas que tienen deseos de ayudar a amigos y familiares. Aconsejan correctamente, puesto que tienen la mente armonizada. Además, saben actuar con ecuanimidad ante cualquier situación. La irradiación de este color también indica que la persona está disfrutando de la compañía.

Aspecto negativo: tal vez no se estén cumpliendo las metas planeadas y esto les provoque tristeza y frustración. Quizás sea necesario afrontar la realidad y buscar metas cercanas y posibles, para evitar así bajones anímicos y depresión.

Chakra **6º o tercer ojo, *Ajna*.** Punto ubicado encima del entrecejo. Glándula: pituitaria. Obra sobre las siguientes partes del cuerpo: los ojos y la base del cráneo. Vincula con la sabiduría.

Gemas: aguamarina, ágata, turquesa, lapislázuli, ópalo, amatista, zafiro, coral, turquesa, cuarzo transparente.

Música que lo armoniza: piezas relajantes y alegres. Instrumentos: flauta, arpa, piano, órgano.

Efectos que produce mediante la vestimenta: intuición, misterio, armonía.

Violeta

Planeta regente: Neptuno
Características generales: introspectivo, sensible, intuitivo, espiritual, creyente, autosuficiente y determinado.

COLOR BÁSICO

Aspectos positivos: son personas de alto nivel espiritual. Su característica principal es la humildad. No les interesa alardear acerca del enorme potencial que tienen para abarcar temas de introspección, esoterismo, metafísica y religiones. Son almas que se desarrollan constantemente y que disfrutan investigando sobre el conocimiento personal y el camino espiritual.

Estas personas no se detienen en problemas mundanos y si canalizan positivamente su energía llegan a ser monjes o maestros espirituales.

Aspectos negativos: mal canalizada la energía, muestra personas que, conscientes de sus aptitudes espirituales se sienten superiores y menosprecian a la gente que, según creen, no se encuentra a su altura. Deberían tener cuidado con su ego, dado que se incrementa con facilidad y sienten que nadie merece su compañía. Si su energía permanece bloqueada, estas personalidades pueden terminar solas en su torre de marfil.

COLOR SECUNDARIO

Aspecto positivo: las auras que emiten este color desean estar solas, pues han encontrado algo que les interesa mucho y anhelan explorar tranquilas. Generalmente se trata de un camino espiritual o de algo relacionado con su mundo interno. Estas personas atraviesan un buen momento, de aprendizaje y sabiduría.

Aspecto negativo: cuando el aura da muestras de este color y la energía se encuentra estancada, significa que el individuo está actuando con orgullo. Los aires de grandeza no le permiten valorar las opiniones ajenas y desea imponer sus ideas aunque esté equivocado. Los principios son opacados por el ego y es probable que se actúe con bajeza.

Chakra 7º o corona: se encuentra en la coronilla, parte superior de la cabeza. Favorece la glándula pineal. Las partes del cuerpo relacionadas son: corteza cerebral, la piel y la parte superior del cráneo. Se relaciona con la espiritualidad y la transmutación.

Gemas: amatista, zafiro, coral, cuarzo transparente, turquesa.

Música que lo armoniza: piezas relajantes y alegres. Instrumentos: flauta, arpa, piano, órgano.

Efectos que produce mediante la vestimenta: paz, orden.

Rosa

Planeta regente: Júpiter

Características generales: amoroso, afectuoso, cariño-so, compasivo, tímido y amable.

COLOR BÁSICO

Aspectos positivos: las personas que tienen el aura de este color son, principalmente, amables, amorosas, muy sensibles y cariñosas. Suelen luchar de manera sacrificada para cumplir sus objetivos y demuestran mucha seguridad a la hora de tomar decisiones. Son sumamente responsables en el trabajo y eso los lleva a alcanzar posiciones importantes en el plano laboral.

Además, se caracterizan por ser muy demostrativas y brindar todo su afecto a sus seres queridos. Si bien les encanta soñar –tienen grandes anhelos–, son felices con una vida sencilla. Las personas de aura color rosa son muy fuertes y siempre ponen todo de sí para salir adelante.

Aspectos negativos: es posible que se depriman si sienten que el cariño que dan no es recíproco, aunque se trate de personas que no conocen demasiado o con las que se relacionan ocasionalmente. Necesitan sentir que agradan a todos. Pueden dejarse influenciar con facilidad y llegar a hacer cosas que no condicen con su personalidad, con tal de obtener aprobación o cariño. Deberían concentrarse en su ser verdadero.

COLOR SECUNDARIO

Aspectos positivos: las auras que irradian este color indican que el individuo atraviesa una etapa de armonía con el entorno y de proyectos relacionados con el rédito económico. Predominan los pensamientos vinculados con las finanzas y el poderío. Posiblemente, la persona esté ideando algo para obtener beneficios.

Aspectos negativos: cuando esta energía se estanca muestra personas inseguras, que en su intento de agradar, se tornan obsecuentes y falsas. Están demasiado pendientes de la impresión que causan en los demás. En la búsqueda constante de la aprobación social, pueden sentirse débiles y confundidos.

Chakra 4º o corazón: está ubicado en el centro del pecho. Su glándula es el timo. Trabaja sobre las siguientes partes del cuerpo: corazón, pulmones, pecho, y sistema circulatorio. Vincula con el amor.

Gemas: cuarzo rosado, zurita, calcita rosa, calcita verde, coral, crisoprasa, esmeralda, jade, jaspe verde, kunzita, malaquita, lapislázuli, peridoto, sodalita, turmalina corazón de sandía, turmalina azul y roja, turmalina verde, turmalina rosa, turquesa.

Música que lo armoniza: de piano, piezas potentes.

Efectos que produce mediante la vestimenta: amor a uno mismo y hacia los demás.

Bronce

Planeta regente: Plutón

Características generales: bueno, amable, compasivo, cordial, decidido, positivo e independiente.

COLOR BÁSICO

Aspectos positivos: quienes poseen este color de aura son personas muy buenas. Sienten amor genuino hacia todo lo que los rodea. Cuando deben tomar decisiones sobre cuestiones que involucran a otros, su herramienta principal es la justicia. Son personas rectas e inquebrantables. Se trata de individuos solidarios por naturaleza. Ayudan de manera desinteresada a quien tiene un problema. También son muy sensibles y sufren ante el dolor ajeno. Cuando se dan cuenta de que alguien está mal, sienten la obligación de actuar.

Estas personas carecen de maldad. Son ingenuas, cariñosas y necesitan demostrar el amor físicamente. Gracias a su sensibilidad y energía positiva, trasmutan, en ocasiones inconscientemente, la negatividad del entorno. Son expertos en transformar todo en algo bueno.

Aspectos negativos: la energía del color bronce mal canalizada produce personas con autoestima baja, que se dejan influenciar por los otros. Sufren mucho al percibir que no todos actúan con rectitud. Y cuando se enojan son temibles. El desequilibrio de estas auras ocasiona una personalidad dominante, ambiciosa y trepadora.

COLOR SECUNDARIO

Aspectos positivos: los seres que irradian este color, emanan amor y deseo de ayudar al prójimo, aunque para eso deban sacrificarse. Lo que sienten es: plenitud, felicidad y humanitarismo.

Aspectos negativos: este color en el aura puede ser indicador de maldad, falsedad, negocios turbios, malas acciones y pensamientos.

Chakra **2º o sacro:** se encuentra entre los genitales y el ombligo, abdomen inferior. Glándula: testículos y ovarios. Partes del cuerpo que favorece: vejiga, próstata, útero y órganos sexuales. Potencia el equilibrio y la sexualidad.

Gemas: kunzita, turmalina negra, ámbar, calcita naranja, cornalina, cuarzo citrino, cuarzo cristal, diamante, ojo de tigre, topacio, zircón, granate, heliotropo, jaspe rojo, ónix, pirita, rodocrosita, rubí, turmalina azul y roja.

Música que lo armoniza: suave y animada con instrumentos de viento.

Efectos que produce mediante la vestimenta: trabajo, esfuerzo, ascenso.

Plateado

Planeta regente: Luna

Características generales: puro, servicial, creativo, individualista.

COLOR BÁSICO

Aspectos positivos: estos individuos se caracterizan por gestar proyectos utópicos, que raramente pueden concretarse. Son seres sumamente idealistas y, en ocasiones, les resulta muy difícil trasladar sus ideas a la acción. Si canalizan positivamente la imaginación, pueden llegar a ser excelentes creativos.

Estas personas son dueñas de un poder espiritual extraordinario y gozan de la capacidad de producir ideas y proyectos innovadores. Su mente es un mundo fantástico que constantemente planea sucesos novedosos.

Aspectos negativos: los "plateados" deberían intentar materializar sus ideas. Una manera de lograr equilibrio podría ser la alternación de sus proyectos abstractos con eventos sociales, deportes, divertimentos o cualquier forma de distracción que implique movimiento físico. Para cuidar su salud es importante que se mantengan activos, eviten la vida sedentaria y no permitan que su mente los aísle. Son seres especiales que deben esforzarse por equilibrar su vida entre el idealismo y la realidad.

COLOR SECUNDARIO

Aspectos positivos: las auras que presentan este color muestran individuos soñadores, que con seguridad tienen en mente varias ideas innovadoras. Estas personas suelen pasar horas imaginando situaciones relacionadas con el futuro.

Aspectos negativos: este color indica que la persona debería tomar las riendas de su vida física y material. Es probable que evada la realidad y deje de lado a sus amigos, familiares, pareja o trabajo.

Quienes irradian este color son muy soñadores y desarrollan la imaginación al punto de encerrarse en sí mismos y aislarse de su vida social. Deberían organizarse una rutina de actividades sociales y físicas para obtener un equilibrio.

Chakra 7º o corona: se encuentra en la coronilla, parte superior de la cabeza. Favorece la glándula pineal. Las partes del cuerpo relacionadas son: corteza cerebral, la piel y la parte superior del cráneo. Se relaciona con la espiritualidad.

Gemas: aguamarina, calcita incolora, cuarzo cristal, cuarzo rosado, fluorita, perla, piedra lunar, zafiro.

Música que lo armoniza: ligera y divertida, interpretada en piano o guitarra.

Efectos que produce mediante la vestimenta: bondad, religiosidad.

Dorado

Planeta regente: Sol

Características generales: idealista, exitoso, inspirador, líder, perfeccionista, autocrítico, capaz y responsable.

COLOR BÁSICO

Aspectos positivos: las personas que tienen este color de aura son elevadas espiritualmente y poseen mucha fuerza interna. Alcanzan todo lo que se proponen y resultan exitosas por naturaleza. Utilizan los logros materiales para causas humanitarias y espirituales. Disfrutan generando proyectos que ayuden a otros.

Las personas "doradas" poseen un halo divino; sin embargo trabajan y depositan toda su energía a la par de los mortales. Generalmente dedican su vida a reivindicar causas justas y serviciales. Poseen una voluntad de acero, realmente admirable. Para ellos nada es imposible.

Aspectos negativos: tienden a olvidar sus limitaciones físicas y exigen demasiada actividad a su cuerpo. Estos individuos suelen enfermarse debido a preocupaciones excesivas. Padecen estrés, agotamiento y tensiones musculares. Deberían relajarse y apoyarse en la fe descomunal que poseen.

COLOR SECUNDARIO

Aspectos positivos: cuando este tono es bien canalizado indica un desafío enorme a causa de la expansión de proyectos personales. Algo que parecía imposible comienza a crecer y a dar sus frutos. Se trata de objetivos importantes en la vida de las personas que emanan este color. Los "dorados" pueden lograr lo que deseen gracias a su esperanza y su voluntad.

Aspecto negativo: la vibración de este color, mal canalizada o estancada, marca un período de depresión y tensiones debido a las dificultades que se les presentan para alcanzar un proyecto de grandes dimensiones. Si bien estas personas desconocen las frustraciones, deberían distenderse y recargar energías para lograr su objetivo.

Chakra 3º o plexo solar: está ubicado entre el ombligo y la base del esternón. A la altura de las últimas costillas. Se conecta con la glándula páncreas. Partes del cuerpo sobre las que actúa: sistema digestivo y músculos. Estimula la autoconfianza.

Gemas: ámbar, ojo de tigre, topacio, ágata.

Música que lo armoniza: piezas clásicas en piano o guitarra.

Efectos que produce mediante la vestimenta: felicidad, plenitud, realización.

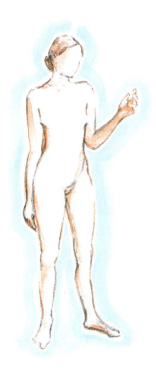

E l blanco es el conjunto de todos los colores del arco iris. Algunos especialistas del aura no lo tienen en cuenta en los estudios de numerología, en los tests o demás métodos para detectar los colores del aura. Pero se ha comprobado de modo videncial y con fotos eléctricas que muchas personas tienen el campo áurico blanco.

La luz blanca representa la energía purificadora del sol, sin embargo, el blanco es regido por la luna.

Características generales: puro, sereno, servicial, creativo, bondadoso, individualista.

COLOR BÁSICO

Aspectos positivos: quienes tienen el aura blanca son espirituales y sabios. Brindan amor a sus seres queridos y viven sencillamente y en calma. Estas personas no tienen muchas aspiraciones, son apacibles, amables y desean por sobre todo el bienestar de la humanidad.

Poseen una gran intuición, imaginación y humildad. Son seres muy agradables. Causan bienestar en las personas y por esta razón son buscadas por su entorno. Si bien se les acercan muchas personas, ellos necesitan aislarse un poco, pues poseen un mundo interior extremadamente amplio. Tienen una creatividad asombrosa; adoran reflexionar e imaginar. Necesitan sentirse dentro de un marco familiar y, a pesar de los obstáculos que se les presentan, siempre resurgen colmados de energía.

Aspectos negativos: aunque tengan razón sobre una determinada situación, deben aprender a dominar sus caprichos y su maltrato. Cuando se enojan, son realmente hirientes: saben utilizar las palabras como puñales. Sin embargo, siempre se arrepienten, pues son buenos por naturaleza. Pero deberían trabajar la tolerancia, dado que, a veces, no permiten ni un pequeño error por parte de los otros.

Color secundario

Aspectos positivos: quienes emanan luz blanca del aura se encuentran en paz con su vida y con las personas. Tienen ideas positivas y serviciales. Están en calma, alejados de todo problema; emanan serenidad y plenitud.

Aspectos negativos: pensamientos y actos egoístas gobiernan la mente y el corazón de estas personas. Un buen remedio para despejar su negatividad consiste en depositar la atención en acciones que ayuden a los demás.

Chakra 7º o corona: se encuentra en la coronilla, parte superior de la cabeza. Favorece la glándula pineal. Las partes del cuerpo relacionadas son: corteza cerebral, la piel y la parte superior del cráneo. Se relaciona con la espiritualidad.

Gemas: aguamarina, calcita incolora, cuarzo cristal, cuarzo rosado, fluorita, perla, piedra lunar, zafiro.

Efectos que produce mediante la vestimenta: purificación, altruismo, frescura, curación.

C omo se sabe, el negro es la ausencia de luz y por ende, de color. El negro no dura mucho tiempo en el aura de las personas, sólo las "apaga" circunstancialmente. No se trata de un color básico, pero sí puede ser un color momentáneo y pasajero. Nunca el aura es completamente negra, siempre aparece junto a otro color. El negro se expande sobre el color en forma de manchas o figuras geométricas, por algunas zonas del aura.

Las personas que irradian un aura negra sin duda están atravesando un momento de enojo profundo. No se trata de ira, que es representada por un rojo turbio chispeante, y que casi siempre es exteriorizada, se trata de ofuscación, turbulencia interna, negatividad. Tal vez acaban de recibir una mala noticia o tuvieron un problema con alguien. En algunos casos, es señal de enfermedad mental o física.

Efectos que produce mediante la vestimenta: introversión, depresión.

ÍNDICE

Natural traditions

Libros

Que inspiran, que elevan, que aportan a la cultura y nos abren el camino al autodescubrimiento.

Cosmética natural

Productos para el cuerpo y el espíritu, puros, naturales y sin aditivos químicos: aceites esenciales, espumas, sales "piel de seda", aceites para masajes y terapéuticos, línea rostro, para niños y el cuidado corporal.

Música

Creada para armonizar y acompañar distintas terapias y momentos sublimes: reiki, yoga, sonidos de la naturaleza, armonización, etc.

Arte - Energía - Ciencias milenarias

Productos para la continua búsqueda de nuestra armonía: Feng Shui, radiestesia, gemoterapia, devocionales, ciencias milenarias, etc.

www.devas.com.ar